RÉPONSE

A M. PALART

Quand on se brûle au feu que soi-même on attise
Ce n'est point accident, mais c'est une sottise.
(RÉGNIER).

RÉPONSE A M. PALART

> Quand on se brûle au feu que soi-même on attise
> Ce n'est point accident, mais c'est une sottise.
>
> (RÉGNIER)

Dans notre innocence, nous avions cru tout bonnement enduire de pâte et de crème d'amande douce le minois rutilant de Paupardinus ainsi que la peau basanée d'Émile ; nous pensions les avoir savonnés moelleusement, délicatement, doucettement avec un pinceau bien mou de blaireau ; les avoir caressés avec une houpette de cygne onduleuse, plongée dans la veloutine et la poudre de riz parfumée.

Erreur !

Nous n'avons pas la main légère, paraît-il. Paupardinus est fort chatouilleux, il a l'épiderme aussi fin que rosé. Le duvet d'un plumeau, un souffle, une vapeur, un rien le fait grimacer.....

Quand il relit ses *Leçons de grammaire*, leçons gratuites, laïques et même obligatoires s'il continue à briguer la présidence des concours cantonaux, il fronce les sourcis, plisse les lèvres, se gratte le nez et fait la moue comme une petite fille contrainte d'apprendre par cœur la table de Pythagore.

Toutefois pour lui qui est habituellement nerveux comme un chat qu'on étrangle, il montre certaine patience. Si la parole est d'argent, comme dit Emile dont tous les mots se convertissent en monnaies métalliques, sonnantes, ayant cours et trébuchantes, Paupardinus finira par croire que le silence est d'or. Jusqu'ici, il ne souffle pas mot.

Puisse ce mutisme durer longtemps pour le repos de ses compatriotes !

Mais son ami Nicolas Palart d'Égreville ou d'autre part se plaint, s'irrite et crie comme un aveugle qui a perdu son bâton et à qui l'on a volé son chien. M. Brosse, nous dit-il, vous êtes une brosse de chiendent.

Bravo ! bravissimo ! Nous acceptons gaîment et de bon cœur la dénomination. De fait, le mot n'est pas mal trouvé et mérite un encouragement. Cela nous étonne un peu d'un ami de Paupardinus, mais nous applaudissons. Que voulez-vous ? Il y a des jours que l'on a plus d'esprit que de coutume. M. Palard avait peut-être trinqué avec le maçon *Lance-l'eau.*

Loin de nous en plaindre, nous estimons que le mot *chiendent* est faible et la chose trop peu raide. Car, il faut bien le dire, certains *êtres pensants* comme dit Paupardinus, ou plutôt certains êtres malpensants et malfaisants ont le crin si dru, si rude, les poils si hérissés que le chiendent ne suffit pas à en vaincre l'indocilité.

Quel guignon ! Dire que nous avions pensé, vu la majesté sénatoriale du personnage, à nous servir d'un beau peigne d'ivoire et de vermeil..... pour herser cette chevelure municipale, pour nettoyer ce crâne volcanique dont la bouche toujours béante, cratère incandescent et inépuisable, vomit tant de scories littéraires, tant de nuageux tourbillons de paroles et de fumée oratoire.

Même, au premier moment, nous voulions employer soit un petit buisson de houx, soit un joli bouquet bleu et vert de tendres chardons; mais, faut-il l'avouer?

Paupardinus est friand, nous avons craint sa gourmandise.....

Qu'on nous pardonne. Quand nous recommencerons, et ce sera bientôt, car ses articles désormais paieront à notre douane, nous [nous servirons d'une robuste et solide étrille qui aura fait ses preuves sur les plus rétifs pachydermes, sur les roussins les plus revêches que le compère Passerard ait jamais vus ruer à la porte de son moulin.

Passons maintenant à l'analyse chimique du cataplasme gluant de Colas Palart, qui les fait mieux que Camille, et de l'huile rance de camomille qu'il a versée sur la blessure de Paupardinus.

Citons scrupuleusement les six objections de M. Palart.

PREMIÈRE OBJECTION

« Nous avons en main l'article incriminé de M. Pau-
« pardin et nous ne voyons pas qu'il y traite de *fri-*

« *pons* les sénateurs du centre gauche. Le mot n'y est
« pas exprimé ni insinué. »

« *J'appelle un chat un chat et Rolet un fripon.* »

Tel est le vers de la première satire de Boileau, le
plus souvent cité et connu même de Paupardinus. Aussi
en parlant de certains sénateurs, quand il dit : « Boileau
« qui appelait un chat un chat les aurait qualifiés d'un
« nom que la France a sur les lèvres » certainement
Paupardinus insinuait le mot fripon à l'adresse des
sénateurs.

L'allusion est longue, lourde, froide comme une
chaîne de puits; mais elle est apparente. Il faut savoir
lire entre les lignes, monsieur Nicolas. Voulez-vous nos
lunettes?... elles sont très bonnes.

Paupardinus a fait là un effort d'esprit qui lui a peut-
être coûté bien des sueurs; dans son article, au milieu
de balayures brille une demi-étincelle, un débris de
perles que Camille voudrait avoir trouvés et vous refu-
sez de les voir? Singulier avocat! Ah! maître Viré est
plus madré que vous. Ah, que oui!

Que nos lecteurs veuillent bien nous excuser de citer
parfois les deux amis Désiré et Émile. Ce n'est pas qu'il
y ait entre eux ressemblance parfaite. Ici, à Voulx,
l'écharpe fait valoir l'homme; à Lorrez, l'homme fait
valoir l'écharpe.

Plus tard, en automne, à l'époque des bécasses, ce
sera l'occasion de viser ces deux magistrats et d'en
faire le parallèle. Attendons, il y a encore trop d'élec-
teurs en deuil, depuis les dernières élections, pour rire
décemment de leur déconfiture.

DEUXIÈME OBJECTION

« Il est singulier de faire passer Voltaire et Rousseau
« pour des cléricaux. La chosse est nouvelle et ne sera
« point crue de longtemps. »

Sans vouloir philosopher, comme un jésuite, un doc-
teur de Sorbonne ou un pasteur protestant, nous avions
simplement dit au courant de la plume que Voltaire et
Rousseau ne se faisaient pas scrupule de *prononcer* le
mot Dieu.

Notre crime est d'avoir cité ce vers de Voltaire :

« Si Dieu n'existait pas, il faudrait l'inventer. »

Sans être un bigot, nous aurions pu ajouter que Voltaire admirant un ciel brillant d'étoiles, pensait à Dieu
et s'écriait :

«   ..... Je ne puis songer »
« Que cette horloge existe et n'ait pas d'horloger. »

Vous en faites donc des cléricaux ! s'écrie Colas
Palart.

Gros malin ! Etre antireligieux comme Voltaire ne
vous suffit pas !

Quand la bêtise, l'impiété et l'ignorance se donnent
rendez-vous dansun même cerveau, nulle notion de bon
sens n'y trouve plus accès; fût-elle revêtue de l'élé-
gance de Rousseau et de l'esprit de Voltaire.

Pour les gens idiotisés par l'absinthe et le vermout,

ces trois syllabes *clé-ri-cal* sont un sujet de stupeur, de haine et d'épouvantement.

Chaque clocher a son idiome, disait M. Guizot. Pour les démocrates échevelés de Voulx, est clérical quiconque croit en Dieu et va de loin en loin à la messe du dimanche.

A ce prix, il y a plus de trente-cinq millions de cléricaux en France. Nous en prenons à témoins tous les hommes qui ont passé cinq ans sous les drapeaux.

Ici, c'est à peine si l'on ose dire, et c'est pourtant vrai, que l'ex-clerc de Blondeau a mené pendant ses vingt ans de cléricature, une vie cléricale irréprochable.

Auprès des esprits grossiers, ces mots *clérical* et *irréprochable* ne peuvent en aucun sens, convenir au même personnage, eût-il été élevé au *biberon-Robert*.

Un homme a mal aux dents : oh, *mon Dieu*, dit-il, que je souffre ! Voilà un clérical, s'écrie M. Palart.

Le président *Grévy ? clérical*, aux yeux de Michault. Car il disait ces jours-ci à Carantan, près de Cherbourg, « que le devoir de chrétien s'allie parfaitement au « devoir de bon citoyen. »

Gambetta ? clérical : il est neveu du doyen de Figeac, il apprit le grec et le latin chez les curés ; il fut enfant de cœur jusqu'à l'âge de dix-huit ans.

Henri Rochefort ? clérical, dira Thomas : il s'est marié, il y a peu d'années, devant le curé de Versailles, qu'il est allé lui-même chercher pour confesser sa femme mourante. On cite dans les journaux une hymne qu'il a composée en l'honneur de la Vierge.

Raspail? il a été *clérical*, il a porté la soutane et la tonsure, insignes de sous-officier dans l'armée cléricale.

Le chocolatier *Menier*, sénateur de Seine-et-Marne? *clérical :* il a fondé près de sa manufacture, il donne à ses ouvriers des écoles congréganistes; il est l'ami des *nonnes.*

Robespierre? *clérical :* à l'époque la plus sanguinaire de la grande Révolution, il a fait décréter par les députés de la Convention que le *peuple français reconnait l'immortalité de l'âme et l'existence de l'Être suprême.*

Robespierre, le sénateur Menier, Raspail, Rochefort, Gambetta, Grévy, sont des noms républicains, n'est-ce pas? Si vous le niez, pour trouver des républicains de votre goût, il faut aller les choisir parmi les forçats du bagne ou dans les maisons d'aliénés.

Cette année, en 1880, les sénateurs et les députés ont envoyé une députation choisie parmi eux, à Notre-Dame de Paris pour prier Dieu; les Ministres républicains qui nous gouvernent demandent chaque année, aux évêques et aux curés des prières publiques dans toutes les églises de France, pour l'ouverture des Chambres.

On peut donc être bon républicain et clérical comme l'entend et quoi qu'en dise M. Palart, l'ami et le défenseur de Paupardinus.

A Voulx, on voudrait nous persuader le contraire.

Aux oreilles de R... fils, ce mot *clérical* produit l'effet du voile rouge d'un toréador sur les yeux d'un buffle sauvage. Ce taureau radical grogne, s'irrite et bondit

de fureur. Il beugle le cri et la devise de Thomas :
République ou la mort!

Ses oreilles, ou plutôt ses cornes sont enrubannées de galons et de
cocardes. — FOURNIER.

Ses naseaux fument, ses yeux louchent, son poil se
dresse dru comme des clous : Camille en fait une cueil-
lette pour ses pinceaux. La queue du buffle furibond se
raidit, elle s'étire..... elle s'étend..... elle s'allonge
comme un baliveau; sur cette perche vivante et velue,
les amis démoc-soc grimpent tous à califourchon, à la
queue leu-leu..... comme des gamins jouant à dada sur
le même roseau.

Par obéissance, Paupardinus, tout haletant et frisson-
nant, s'y cramponne à regret, mais avec énergie, comme
jadis à l'école, il tenait à deux mains la queue de sa
classe.

Il chevauche derrière Piétrois et le carrier Planteligne,
colonels de l'escadron rouge.

L'aiguille de Forr lui sert d'éperon; il l'attache à son
sabot-Michault.

Pauvre Désiré! lui, si paterne, si onctueux, si mielleux, si enclin au modérantisme, lui, si bon mouton;
c'est toujours lui qui *va-t-en guerre*. Il sert d'instrumen^t
et de porte-voix aux autres. On lui fait emboucher
la trompette. Comme premier ténor du conseil municipal, c'est lui qu'on oblige à faire sonner la pétarade et à
chanter les grands airs de Robert-le-Diable.

TROISIÈME OBJECTION.

« Quand M. Brosse critique l'épithalame prononcé
« par M. le maire de Voulx, n'attaque-t-il pas le maire
« dans l'exercice de ses fonctions? Ceci nous paraît
« sérieux. »

Certainement, monsieur Palart, ceci est sérieux, un peu
plus que les discours fantaisistes, les épithalames am-
poulés de votre cher protégé. Malgré notre respect
pour l'écharpe, lorsqu'on se sert du meuble municipal
pour couvrir des actes ridicules, et qu'à l'abri de ce
lambeau sacré on se livre à un dévergondage de paroles
fait pour amuser le public, nous nous croyons des droits
à l'hilarité, et vous ne viendrez pas nous empêcher de
rire!! Allons donc! Vous prendre au sérieux quand
vous jouez au pontife!! Vous ne le voudriez pas, mon
cher Paupardinus, malgré le ton tragique avec lequel vous
déclamez quelque phrase apprise dans un vieil alma-
nach, ou cueillie dans un roman quelconque sur
l'union des époux. Tenez, croyez-moi; contentez-vous
de lire le Code; tout le monde vous en saura gré, con-
joints et assistants.

QUATRIÈME OBJECTION.

« Nous doutons que l'auteur de la brochure, dit
« M. Palart..., ne cite pas toutes les fautes vraies ou
« supposées qu'il prétend apercevoir... »

Ah! vous nous portez le défi, monsieur Nicolas, de
signaler de nouvelles fautes dans le fameux article

rédigé par Paupardinus contre ses confrères de la délégation.

Vous ne nous embarrassez guère, sachez-le bien. En voici qui mériteraient une place d'honneur. Malgré la riche moisson emmagasinée dans notre opuscule, il reste encore à glaner de jolies gerbes.

Citons. Prêtez, ô lecteurs, une oreille attentive et recueillie, c'est Désideratus Paupardinus qui parle :

« Tel est l'esprit qui anime les membres de la délé-
« gation à peu d'*exception*. »

Ce dernier mot contient deux fautes. Oui-dà, deux fautes. Vous ne voyez pas? Nous allons vous prêter nos lunettes.

1° Suivi d'un nom de choses susceptibles d'être additionnées, le mot *peu* veut le pluriel après lui. On ne dit pas : peu de *cheval*, peu *d'animal*, peu d'exception, au singulier. Tout le monde sait cela ! On doit dire : peu de chevaux, peu d'animaux, peu d'exceptions au pluriel.

Est-ce clair?

2° On dit : hormis quelques exceptions, ou bien, à peu d'exceptions près. L'omission de ce mot *près* constitue un non-sens. Voilà les deux fautes bien clairement désignées. Soyez juge vous-même, monsieur Palart Nicolas, avions-nous d'autres fautes à signaler? Et si vous saviez combien il en reste encore! Oui, nous avons usé d'indulgence envers votre client Paupardinus.

En voulez-vous une preuve nouvelle? De bon compte, quand il dit qu'il a édifié les écoles de Voulx (c'est de sa main dans le *Républicain* de Seine-et-Marne), lorsque par courtoisie nous acceptons qu'il a réellement bâti l'école des filles, ne voyez-vous pas là une concession indulgente et gracieuse de notre part? Allons donc ! replâtrer, badigeonner et peindre, est-ce bâtir? Encore un peu et il se donnerait pour l'inventeur du ciment romain.

Que diriez-vous d'un méchant savetier, d'un rapetasseur maladroit qui se donnerait pour un fin bottier, travaillant sur le neuf et confectionnant des bottes à l'écuyère?

Que dirait Albert d'un rebouteur homicide, charlatan éhonté, se faisant passer pour un Bichat, un Nélaton, un Dupuytren? Ceux qui ont étudié son article et ont lu les *Leçons de grammaire*, savent combien nous l'avons épargné; il a plus sujet de se louer de notre retenue que de se plaindre de notre sévérité. Nous n'avions pas osé le comparer à un rapetasseur, à un rebouteur.

C'était de l'indulgence.

CINQUIÈME CITATION

« La règle 274me justifie plutôt qu'elle ne blâme « l'une des phrases critiquées par M. Brosse. »

Il est oiseux, il est fastidieux de disputer grammaire avec M. Palart et son client. C'est parler aux aveugles de couleurs et du télégraphe aérien; c'est entretenir les sourds-muets des soli de Nestor Penot et des polkas-mazurk de Charles Barbier. La Fontaine disait :

« Quand l'absurde est outré, l'on lui fait trop d'honneur
« De vouloir, par raison, combattre son erreur. »

Toutefois, puisqu'il le veut, citons une règle de grammaire à M. Palart :

Un pronom (même démonstratif) ne peut remplacer qu'un nom déterminé. Nous avons consulté. N'ayez souci, nul grammairien n'y contredira, pas même Larive et Fleury. S'ils n'ont pas donné une règle spéciale, ils ont pensé que leurs élèves n'auraient jamais l'étourderie ni la tentation d'emfreindre une règle si facile, si naturelle, si logique. Il était réservé à Paupardinus de faire des fautes savantes, de pompeux barbarismes, d'orgueilleux solécismes et à M. Palart de les approuver.

Assez discuté là-dessus. Citez-nous un seul instituteur qui ne soit pas de notre avis, nous vous donnerons un merle blanc. Nous vous le promettons. Parole d'honneur ! (celle de M. Jardin, aux pieds duquel Émile a *chaviré*.

Interrogez nos instituteurs; on peut bien les consulter, ils coûtent assez cher aux petites bourses depuis que l'instruction est *gratuite*.

Ce n'est pas que leur traitement soit excessif ou immérité. Expliquons-nous.

Anciennement à Voulx, les familles d'ouvriers pauvres, nous entendons par là les familles indigentes ou peu aisées, ne payaient jamais rien pour les mois d'école.

Voilà qui est sûr. Qu'est-il arrivé depuis? Grâce aux

centimes additionnels votés par le conseil municipal, même les familles peu aisées *qui n'ont pas d'enfants*, payent les mois d'école.

Ce vote du conseil est favorable aux riches, mais défavorable aux familles peu aisées.

Quand une association de grands propriétaires, volontairement et avec ses seules ressources ouvre un jardin au public, bâtit soit un hôpital, soit une école ou élève des fontaines, invitant chacun à profiter soit de l'ombrage, soit d'une instruction plus soignée ou d'une eau plus limpide, plus pure, alors la gratuité est absolue, elle est réelle, effective.

Voici, au contraire, messieurs les conseillers de Voulx, voici ce que vous dites à vos administrés : « Jusqu'ici « vous n'avez pas tous payé les mois d'école ; mainte- « nant vous payerez tous ; payeront aussi ceux qui n'ont « pas d'enfants ; payeront même les familles peu aisées « qui ne payaient jamais ; payeront également parmi « ces familles pauvres, celles qui n'ont pas d'enfants. »

Tel est votre langage, n'est-ce pas ? C'est ce que vous appelez la *gratuité ?* Ce mot gratuité n'est-il pas un leurre, une fiction, une moquerie, un mensonge? Monsieur Paupardin, osez le nier! osez-le! C'est dans une occasion semblable qu'un simple paysan, peu habitué au langage parlementaire, disait à un maire de sa commune : Monsieur, nous ne sommes pas si bêtes que vous en avez l'air...

Au reste, vous avez à l'égard des deniers publics d'étranges principes. Vous avez tout l'air de croire que vous en pouvez disposer à votre guise. L'argent que vous tirez de notre bourse par les centimes additionnels et par les souscriptions publiques, est destiné au bien de tous. Le niez-vous? Le jour du 14 juillet, une somme était votée et généreusement donnée pour les enfants de la commune. Vous n'aviez pas le droit d'exclure, d'écarter, de repousser de cette loterie enfantine, les enfants qui vous déplaisaient. C'était là une infamie. Nous nous adressons plutôt à ses inspirateurs politiques qu'à M. Paupardin lui-même, dont nous reconnaissons l'esprit de justice, de probité et de générosité. Il a même eu la franchise d'avouer qu'il avait commis là une faiblesse qu'il a tâché de réparer, le jour de la foire d'août. Mais voilà où le conduit cette clique radicale, dont il est trop souvent le jouet et l'instrument aveugle.

Non, nous n'envions pas l'écharpe; nous rougirions d'être à la remorque d'hommes sans cœur, sans justice, sans éducation, sans délicatesse, sans aucune civilisation.

Qu'ils effacent donc de leur enseigne politique ces mots d'*égalité*, de *fraternité*.

A-t-on jamais vu un pareil despotisme, une telle brutalité : refuser à nos enfants les jouets, les objets achetés pour eux, achetés de notre propre argent? Cette violence révolte la conscience de tout honnête homme et mérite la plus odieuse flétrissure.

C'est un affront sanglant fait aux pères de famille dont on a voulu attrister et mépriser les enfants.

Si derrière les barreaux de sa prison, Blondeau a pu apercevoir leur conduite, il a dû se trouver fier de sa magistrature municipale; du fond de son cachot, il a senti un soulagement à sa honte.

SIXIÈME OBJECTION.

Dans la sixième observation que nous adresse l'ennuyeux M. Palart et que nous ne transcrivons pas, tant elle est longue, il jubile, il triomphe, il fait retentir toutes ses cymbales : c'est un fracas de tam-tam étourdissant. Il chante victoire sur un diapason des plus aigus.

Voyons paisiblement le sujet de sa joie! Parmi les membres de la délégation cantonale, dit gravement M. Palart (un aspirant délégué), nul instituteur ne peut prendre rang à moins qu'il ne soit instituteur en retraite.

Très bien. C'est aussi notre avis.

Notre crime, paraît-il, c'est d'avoir substitué ces mots : *instituteur émérite,* à ceux-ci : *instituteur en retraite,* ce qui est identiquement la même chose, car ces mots sont synonymes.

C'est à n'y rien comprendre ! Ces gens-là ne savent ni lire, ni écrire; il faudrait leur parler par signes.

Un professeur *émérite* (que diable ! empruntez donc un dictionnaire) est un professeur qui ne professe plus, qui a fourni sa carrière, un instituteur en retraite.

Telle est la vraie signification de ce mot *émérite.* Vous ne saviez pas cela, Nicolas? Apprenez-le; repliez vos ailes, insecte bourdonneur; rentrez vos cornes, lourd baveur limaçon. Faute de connaître le sens réel des mots, vous nous faites une guerre maladroite. Vous tenez votre fusil à l'envers, par le bout du canon et la charge vous tombe en pleine poitrine.

Ne serait-ce pas l'occasion de saisir le fouet de Juvénal? Mais non, il est des fronts qui ne savent pas rougir. Au reste, on ne punit pas un malade, on le soigne.

Il y a certainement des soins d'hygiène mentale à donner à ces écrivailleurs. Si on lui avait appliqué la veille une couple de sangsues à chaque mollet, croyez-vous que Paupardinus fût allé, il y a un mois, sauter et *valzer* au bal public; faire parade de ses gants gris-perle; étaler sa plus neuve écharpe, fort étonnée de prendre part à de pareilles acrobaties et ne reconnaissant plus sous cette mimique grotesque la gravité du premier fonctionnaire municipal?

Voyez-vous les glands de son écharpe sautiller, voltiger comme des papillons sur la face postérieure de ce magistrat polkant? bondir comme deux encensoirs de cuivre pour rendre hommage à cette partie la moins noble de notre maire, qui gesticulait des pieds et des mains, qui estropiait les chassez-croisez, qui battait à contre-temps les entrechats, les terre-à-terre et les ailes de pigeon?

Il faudrait, soir et matin, mettre un bloc de glace sur la tête de ces gens-là, leur frictionner l'épine dorsale avec une *brosse* électrique, et leur servir un bain de pieds chaud; Paupardinus, inspiré par Camille, dirait pompeusement : *un pédiluve intentionné en faveur de l'élément cutané et du tarse et métatarse et de l'épiderme plantaire d'un animal bipède, de l'ordre des primates et*

d'origine simienne à l'instar des ouistitis et fait par la
NATURE *pour aimer et travailler et reproduire.*

Zim! zim! boum! boum!

BOUQUET D'ARTIFICE

DE

MONSiEUR PALART

Citons les dernières lignes de notre adversaire :

« Enfin nous terminerons, comme un journal du
« département qui a critiqué M. Brosse. L'auteur de
« l'opuscule pourra se dire : Ma brochure a passé
« comme un météore, qui n'a pas laissé de trace, ou
« bien comme un coup... de brosse dans l'eau. »

Vous êtes très flatteur, monsieur Palart, de comparer
la brochure de M. Brosse à un météore. Le mot est
aimable, poétique, et souriant : inutile donc de nous
apprendre que vous êtes seulement l'écho de cette
métaphore gracieuse.

Ce météore n'aurait-il fait pâlir qu'un instant la fausse
étoile *Paupardinina,* notre but serait atteint, nos efforts
seraient couronnés.

Un rayon de lumière, quelque fugitif et peu éclatant
qu'il soit, réjouit la vue au milieu des ténèbres que
répand cet astre radical et console du dégoût, de l'en-
nui, de l'énervement que produit parmi les gens sensés
et tranquilles de Voulx ce tabellion avorté, ce génie
du bavardage, ce barbouilleur de papier, cette tête
encyclopédique, cet oracle sybillin, ce débiteur de
sornettes, ce rabâcheur sempiternel, ce moulin à pa-

roles, cette girouette stridente, ce bredouilleur écumeux, cette boîte à musique, ce déclameur épileptique, ce vendeur d'orviétan, ce scribomane enragé, ce péroreur naïf, ce discoureux inepte, ce ressasseur de balivernes, ce prôneur de fariboles, ce radoteur qui jabote, qui jacasse, qui marmotte sans trêve ni repos.

D'autres que nous disent : ce caquet de pie borgne, cette lime grinçante, ce torrent d'épithètes, ce robinet de piquette, ce diseur de bourdes, ce calembouriste intarissable, ce débordement de calembredaines et de ridiculités.

Si nous ne craignions pas de fatiguer nos lecteurs, nous continuerions : ce phonographe inconscient, ce minaudier gluant, ce causeur mielleux, cette guitare, ce perroquet braillard, ce hoquet continuel, ce miaulement pleurard, ce semeur de nuages, cette montre à répétition, ce tireur de bonne aventure, cette crécelle assourdissante, ce barbet jappeur et enroué qui aboie à la lune.

Nous ne voulons toutefois exprimer que la moitié des qualificatifs qui lui sont attribuables : ce trombonne à coulisse, ce tiroir plein d'énigmes, cette cascasde de banalités, ce babil sans intermittence, ce balancier de pendule, cette langue piquée de la tarentule, ce vomissement de mots indigestes, cette grenouille qui coasse sans répit.

Il faut renoncer à tout dire ! car ne pourrait-on pas ajouter : ce tambour de basque, cette vache espagnole, ce quiproquo perpétuel, cette phraséologie chinoise, cette source de coq-à-l'âne, cet adorateur du style ampoulé, des haricots-flageolets et des outres d'Eole, le dieu des vents, enfin, enfin... ce phénix des esprits infirmes.

Vous parlez, M. Palart, d'un coup de brosse dans l'eau. Est-il facile, dites-nous, quand on est en train de racler les écailles d'un poisson rouge de ne pas donner un coup de brosse dans l'eau et un léger coup de ciseaux sous la panse du rouget qu'on veut frire ?

Nicolas,

Hélas !

Telles sont les réponses que nous avions à faire à vos réponses. Si vous ne les trouvez pas topiques, prévenez-nous.

Vous mériteriez d'être empalé, M. Palart, empalé en effigie côte à côte avec votre client, au faîte de l'arbre de la liberté. Là-haut, vous seriez à notre joie, sifflé, hué par la foule des écoliers, dansant à la ronde et chantant : Le voilà, Nicolas ! ah ! ah ! ah !

Vous et votre client, vous avez manqué là une belle occasion de vous taire.

Allons, renoncez à défendre la littérature de notre illustre maïeux, qui a eu grand tort de vexer ses confrères de la délégation cantonale. Au lieu de l'encourager, priez un scieur de long de lui rogner la langue, de lui couper ce poignet malfaiteur, coupable de tant de crimes de lèse-grammaire.

Quand il conduisait jadis, sur la route de Valéry le troupeau de son papa, il a vu souvent sur la poussière blanche du chemin, derrière ses moutons et ses biques, tomber une à une en cascade de petites prunelles noires et luisantes qui se succédaient comme les perles d'un long collier de jais ou d'ébène.

Ces prunelles, ces grains noirs sont aujourd'hui l'image de ses discours et de ses écrits : ça se suit... mais ça ne se tient pas.

Aussi, plus tard, si nos arrière-neveux exhument des archives poudreuses de la mairie de Voulx, l'article publié par Paupardinus, le 13 juin 1880, s'ils lisent ce chef-d'œuvre, ils diront avec raison :

Mercure constipé fit un jour un crottin
Qui portait estampille et nom de Paupartin.

BROSSE (Emile).

Paris. — Typ. Pillet et Dumoulin, 5, rue des Grands-Augustins.

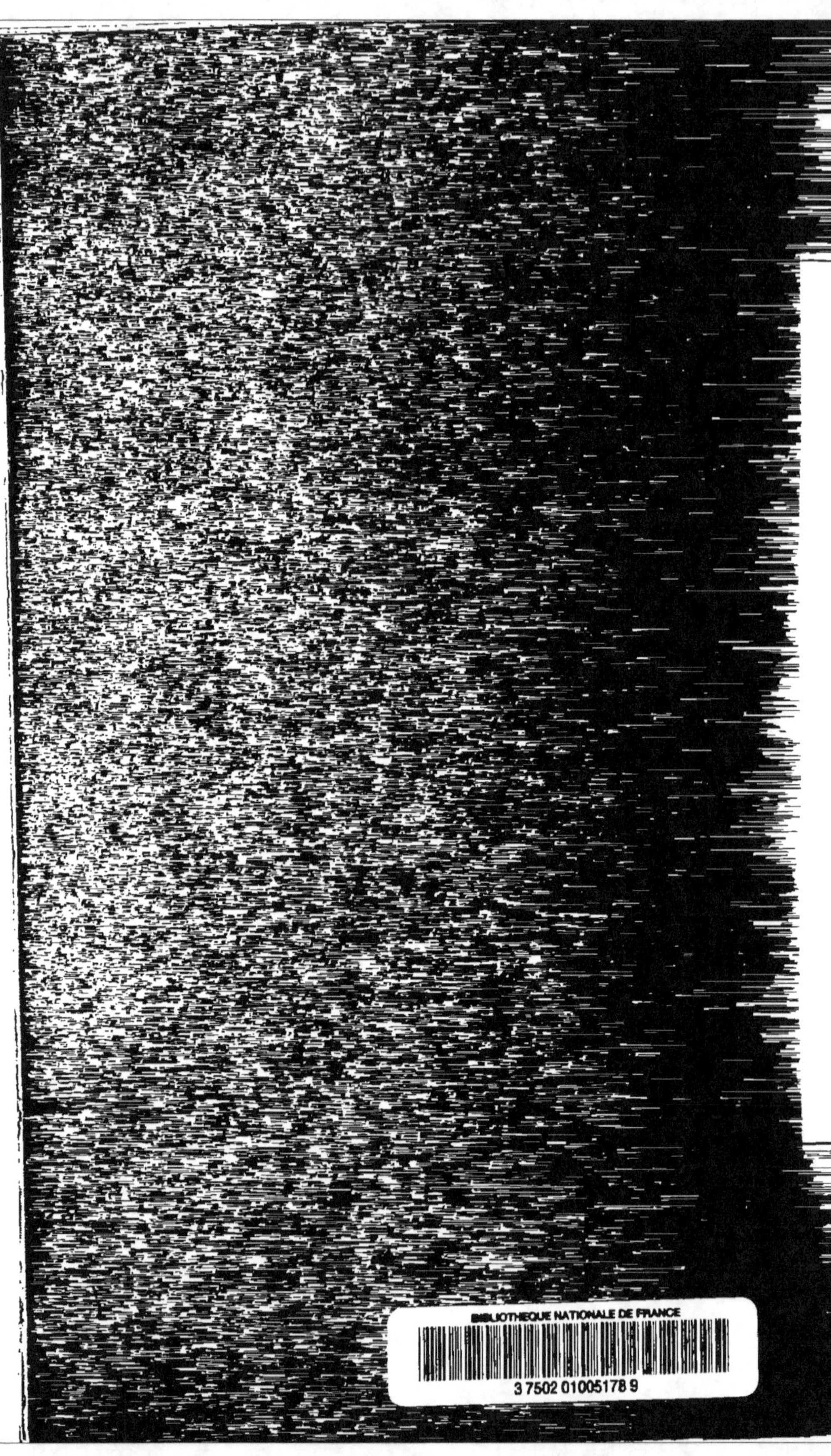

BIBLIOTHEQUE NATIONALE DE FRANCE
3 7502 01005178 9